MW01529232

DYLAN THOMAS

Vision et Prière

et autres poèmes

Traduction et présentation
d'Alain Suied

nrf

GALLIMARD

L'AUTRE SOI
Dylan Thomas (1914-1953)

C'est son monde intérieur que Dylan Thomas nous offre dans ses poèmes. Un monde d'images poétiques et de mots imagés. Mais comment définir ce monde unique et universel ? Ce monde virtuel et pourtant si familier ?

Dylan Thomas, en naissant, remplace un premier enfant mort. Cet autre habitera toute son œuvre, tour à tour « bébé en flammes » ou « héros » ou « animal »... jusqu'à le dévorer, bébé de trente-neuf ans gonflé d'alcool [1].

1.
   Moi, le premier nommé,
   je suis le fantôme de cet
   ami anonyme, sans prénom
   qui écrit les mots que j'écris
   dans une chambre tranquille,
   dans une maison imbibée d'envoûtements :

   Je suis le fantôme de cette maison
   remplie des langues et des yeux
   d'un fantôme sans tête
   que je crains pour toujours
   jusqu'à la fin anonyme.

Dylan Thomas, octobre 1938, in *Letters to Vernon Watkins*, 1957.

Mais est-ce là pour autant le seul « secret » de sa poésie ? Cet « autre » monde n'est pas celui de la mort. C'est celui de la naissance : partition, parturition première.

Le monde que Dylan Thomas reconstruit pour nous, c'est celui que nous avons déserté peu après notre entrée dans l'humaine condition.

C'est notre autre soi, le vrai — celui auquel nous avons renoncé — trop tôt, trop vite.

Le poète, « artisan sacré », nous rappelle le « Paradis perdu », celui que nous avons tenu dans nos mains — mais que nous n'avons su accepter ni aimer.

Cet autre soi : au carrefour de l'illusion et de la réalité, ce monde où nous faisions corps avec le mystère originel, avec la magie de la Création.

La Poésie, n'est-ce pas d'abord cela : parole des origines, parole perdue, genèse, Genèse ?

Dylan Thomas, « poète du siècle » en Angleterre, barde gallois, alchimiste du verbe et de l'Inconscient, nous parle — sans les détours et les masques de la parole — de ce vertige fondamental que nous portons tous au fond de nous : c'est le manque même de l'Autre qui « nous » constitue.

Alain Suied

Les poèmes réunis dans ce volume sont extraits de l'édition classique des *Collected Poems* parue du vivant de l'auteur (1952, où le volume comportait 90 poèmes), hormis le choix de « poèmes de jeunesse » et les deux poèmes inachevés. Les deux premiers recueils de poèmes de Dylan Thomas *(18 Poems* et *25 Poems),* ainsi que la *Ballade de l'amorce aux longues jambes* (provenant du recueil *Morts et Accès*), figurent dans l'édition des *Œuvres* de Dylan publiée par les éditions du Seuil, dans la traduction de Patrick Reumaux.

La présente édition reprend les traductions parues en 1979 sous le titre *N'entre pas sans violence dans cette bonne nuit* dans la collection « Du monde entier », Gallimard.

Les poèmes écrits peu avant l'édition de 1952 sont présentés dans la première partie, qui porte ce même titre. Les deux parties suivantes, consacrées elles aussi aux poèmes de la maturité, sont présentées sous les titres de recueils publiés en 1946 *(Morts et Accès)* et en 1939 *(La Carte du Tendre).*

Les « poèmes de jeunesse » ont été choisis dans les recueils posthumes : *Poet in the making,* édition des carnets de jeunesse de Dylan Thomas par Ralph Maud (Dent, Londres, 1968) et *The Poems* publiés par Daniel Jones (Dent, 1971), ainsi que dans la biographie de Dylan Thomas due à Paul Ferris (Penguin, 1977). Les deux poèmes inachevés sont les textes auxquels Dylan travaillait l'année de sa disparition.

Le lecteur se reportera aux notes et à la bio-bibliographie en fin de volume pour y lire notre approche d'une œuvre qui reste, dans la lignée de Donne, Blake, Keats, l'une des aventures les plus singulières de la poésie anglaise, l'une des plus fertiles interrogations de l'aventure singulière d'exister.

Since the first womb spat forth a baby's corpse,
The mother's cry has fumed about the winds;
O tidal winds, cast up her cry for me;
That I may drown, let loose her flood of tears [1].

Dylan Thomas

1. Extrait de *The woman speaks,* p. 63, in *The Poems.*

I

N'ENTRE PAS SANS VIOLENCE
DANS CETTE BONNE NUIT

N'entre pas sans violence
dans cette bonne nuit

N'entre pas sans violence dans cette bonne nuit,
Le vieil âge devrait brûler et s'emporter à la chute du
    jour;
Rager, s'enrager contre la mort de la lumière.

Bien que les hommes sages à leur fin sachent que l'obscur
    est mérité,
Parce que leurs paroles n'ont fourché nul éclair ils
N'entrent pas sans violence dans cette bonne nuit.

Les hommes bons, passée la dernière vague, criant combien
    clairs
Leurs actes frêles auraient pu danser en une verte baie
Ragent, s'enragent contre la mort de la lumière.

Les hommes violents qui prirent et chantèrent le soleil
    en plein vol,
Et apprennent, trop tard, qu'ils l'ont affligé dans sa
    course,
N'entrent pas sans violence dans cette bonne nuit.

Les hommes graves, près de mourir, qui voient de vue
    aveuglante
Que leurs yeux aveugles pourraient briller comme
    météores et s'égayer,
Ragent, s'enragent contre la mort de la lumière.

Et toi, mon père, ici sur la triste élévation
Maudis, bénis-moi à présent avec tes larmes violentes,
    je t'en prie.
N'entre pas sans violence dans cette bonne nuit.
Rage, enrage contre la mort de la lumière.

Sur la colline de Sir John

Sur la colline de Sir John,
Le faucon en flammes est suspendu;
Sur la corde d'un nuage, à la chute du soir, il agrippe
    dans ses griffes
Et potences, jusqu'aux rayons de ses yeux les petits
    oiseaux de la baie
Et les moineaux jouant
Aux guerres piailleuses des enfants
Et ceux-là qui tels des cygnes par le chant s'enténèbrent,
Dans les haies querelleuses.
Et gaiement ils crient
Vers le gibet en feu par-dessus la lutte des ormes
Jusqu'à ce que le faucon, corde au col, étincelant,
S'écrase, et lentement le héron sacré pêchant, aux aguets
En la rivière Towy plus bas renverse sa pierre tombale
    inclinée.

Un éclair, et les plumes se brisent,
Et d'un noir bonnet de choucas
Se coiffe la juste colline de Sir John, et encore les oiseaux
    leurrés

Déboulent vers le faucon en feu, haute hart, par-dessus
   les nageoires
De la Towy,
Dans l'ahan du vent.
Là
Où l'élégiaque oiseau-pêcheur poignarde et pagaie
Dans le bas-fond caillouteux
Rempli de joncs et de plies, et « venez, petits », dit le
   faucon juché,
« Venez vous faire tuer »,
J'ouvre les feuilles de l'eau sur un passage
De psaumes et d'ombres, parmi les crabes et leurs pinces
   caracolantes

Et je lis, dans une coquille,
La mort claire comme une cloche de bouée :
Que toute louange du faucon en feu dans le crépuscule
   à œil-de-faucon
Soit chantée quand sa vipérine fusée se suspend boucle
   de flammes
Sous le tison de l'aile, et bienheureux
Les verts
Petits poussins de la baie et des buissons glousseront
« Petits, petits, allons à la mort. »
Nous nous affligeons une ultime fois comme les oiseaux
   joyeux,
Quittons l'orme et les galets, le héron et moi,
Moi jeune Ésope, fabulant à la nuit proche par le vallon
Des anguilles, le héron sacré chantant dans la distante

Vallée du havre cristallin
Où les cailloux de la mer naviguent,

Et sur les quais de l'eau où les murs dansent, où les
grues blanches vont guindées.
Le héron et moi, aux assises de la colline aux ormes de
Sir John,
Révélons le crime
Scandé par le glas
Des oiseaux dévoyés que Dieu, pour leur plein jabot de
sifflements,
Prend en pitié,
Qu'il les sauve dans son silence tourbillonnant, lui qui
distingue le « bonjour » des moineaux,
Pour la chanson de leurs âmes.
Maintenant le héron se désole sur la rive désherbée. À
travers
Les fenêtres de crépuscule et d'eau je vois, penché, qui
murmure,

Le héron, miroitant, aller
Comme les ailes rompues neigent,
Pêchant dans la larme de la Towy. Seule une chouette
hulule
Creuse une larme d'herbe soufflée dans les mains en
calice, dans les ormes pillés
Et nul coq vert ou poule verte
Ne crie
Maintenant sur la colline de Sir John. Le héron
Guéant les bas-pays écailleux des vagues,
Crée toute la musique; et moi qui écoute la mélodie
De la lente rivière aux saules, je grave
Avant le plongeon de la nuit, les notes sur cette pierre
secouée par le temps
Pour l'amour des âmes des oiseaux massacrés qui font
voile.

De son anniversaire

Dans le soleil graine-de-moutarde
Près d'une rivière toute pentue et d'une mer-toboggan
    Où les cormorans paniquent,
Dans sa maison sur échasses, parmi becs
    Et palabres d'oiseaux
Ce jour grain-de-sable dans la tombe courbe
    De la baie, il célèbre et rejette
Son âge de vent, ses trente-cinq ans de bois en dérive;
    Les hérons plongent et piquent.

    Au-dessous et autour de lui, vont
Carrelets, goélands, en leurs glaciales
    Et mourantes destinées
Faisant ce qu'ils sont nés pour faire
    Courlis en échos
Dans les vagues à formes de congres
    Travaillant à leur route vers la mort,
Et le poète dans la chambre à grande langue,
    Qui sonne la cloche de son anniversaire,
Se hâte vers l'embuscade de ses propres blessures;
    Hérons, clochers marins, bénissez-le!

Dans la chute duvet-de-chardon
Il chante vers son angoisse; les pinsons volent
Dans les perspectives griffues des faucons
Sur un ciel de rapt; les petits poissons glissent
Entre coquilles et ruelles de villes maritimes
Naufragées vers les pâturages des loutres. Lui,
Dans sa maison de torture et de pente
Et les cordages bien noués de son commerce de mots
Il perçoit un linceul sur les hérons,

La robe sans fin d'une rivière,
Les vairons, couronne mortuaire de leur prière;
Et loin en mer il sait,
Esclave accroupi de sa fin éternelle,
Sous le nuage-serpent,
Les dauphins plongeant dans leur poussière
Les phoques ondulants entraînés
Vers le meurtre et la marée de leur sang
Bouillonne et coule dans la bouche luisante.

Dans le silence caverneux,
Oscillant de la vague, un angélus pleure blanc
Son glas de trente-cinq cloches
Frappé contre crâne et roc de ses amours naufragées,
Gouvernées par la chute des étoiles.
Et Demain pleure dans sa cage aveugle
La Peur enragera en secret
Avant que les chaînes se brisent au feu du marteau
Et que l'amour déverrouille l'obscur

Et librement il s'égare
Dans la lumière connue et inconnaissable
Du grand, du fabuleux, du cher Dieu.

L'obscur est un chemin, la lumière est un lieu,
    Le Paradis qui jamais ne fut
Ni ne sera — mais qui est vrai,
    Et dans ce vide... plein de ronces,
Plein de mûres — comme dans un bois
    Les morts croissent pour Sa joie.

    Là — il peut errer nu
Parmi les esprits de la baie sabot-de-cheval
    Ou les morts des étoiles du rivage,
Moelle d'aigles, racines de baleines
    Et bréchets d'oies sauvages,
Avec le Dieu béni, incréé et Son Fantôme,
    Et Ses prêtres, les âmes de tous,
Chœur du troupeau du Paradis nouveau
    Dans une paix troubleuse de nuages,

    Mais l'obscur est un long chemin.
Lui, sur le terreau de la nuit, seul...
    Avec tous les vivants, il prie,
Lui qui sait que le vent-fusée soulèvera
    Les os enfouis dans les collines,
Et que les rocs saignent sous la faux
    Et que l'ultime rage frappe
Les eaux fracassées, les mâts, les poissons,
    Jusqu'aux étoiles encore vives,
Infidèlement jusqu'à Dieu,

    Qui est l'éclat du vieil
Éden à forme d'air où les âmes sauvages
    Croissent comme chevaux dans l'écume :
Oh! laissez-moi prier, à mi-vie, près des hérons,
    Druidiques chapelles,

Pleurer sur mon voyage vers la destruction,
    Les navires de l'aube rivés au sol,
Et même si je crie avec ma langue en ruines,
    Laissez-moi dénombrer mes bénédictions :

    Quatre éléments et cinq
Sens, et l'homme, cet esprit qui aime
    Trébuchant dans la vase tournoyante
Jusqu'à son pur royaume de cloches de nimbes
    Et de dômes de clair de lune,
Et d'océans qui emportent notre être secret
    Dans les os noirs et profonds,
Sphères bercées dans la chair des coquillages
    Et ce dernier bonheur, le plus grand :

    Que plus je m'approche
De la mort, homme solitaire dans ses tortures,
    Plus le soleil fleurit
Et plus l'océan, de tous ses crocs, exulte ;
    Et chaque vague de ma route
Chaque orage que je happe et le monde même
    Avec une foi plus triomphante
Que jamais depuis que le monde est nommé,
    Tissent son matin de louanges,

    J'entends les collines se gonfler
D'alouettes et verdir de fruits et tomber
    Et les alouettes de la rosée chanter
Plus haut ce printemps tonnant et les îles
    Fières, les âmes humaines, voguer
Parmi de plus nombreux archanges! Oh!
    Plus sacrés sont leurs yeux,
Et moins solitaire mon humanité lumineuse
    Et j'appareille vers la mort!

II

MORTS ET ACCÈS

La conversation de la prière

La conversation des prières sur le point d'être dites
Par l'enfant qui monte se coucher et l'homme qui gravit
Les marches vers sa femme à l'agonie dans sa haute
    chambre,
L'un sans souci de savoir vers qui se dirigera son sommeil,
L'autre rempli de larmes dans la crainte de la trouver
    morte,

S'échange dans l'obscur, un son qui s'élèvera
De la terre verte jusqu'aux cieux qui répondent,
De l'homme sur les marches, de l'enfant près du lit.
Le son sur le point d'être dit dans les deux prières
Pour un sommeil dans un pays sûr et pour un amour à
    mort

Sera l'envol de la même douleur. Lequel sauront-elles
    apaiser?
L'enfant dormira-t-il sans blessure, l'homme va-t-il pleu-
    rer?
La conversation des prières sur le point d'être dites
S'échange sur les vivants et les morts et l'homme sur les
    marches

Ne trouvera pas une morte mais une vivante réchauffée
    au feu

De son souci de son amour dans sa haute chambre.
Et l'enfant sans souci de savoir vers qui monte sa prière
Se noiera dans une douleur aussi profonde que sa propre
    tombe,
Et verra de ses yeux de sommeil la vague aux yeux
    sombres
Qui l'attire de marche en marche vers une morte.

Refus de pleurer la mort
par le feu d'un enfant à Londres

Jamais jusqu'à ce que la ténèbre qui façonne l'homme
Qui oiseau animal et fleur
Enfante, et tout humilie
Raconte en silence l'ultime lumière qui point
Et que l'heure immobile
Soit ressac de la mer croulant dans son harnais

Et qu'il m'en faille faire retour à la ronde
Sion de l'eau perlée
Et à la synagogue du grain de blé
Jamais je ne laisserai l'ombre d'un son prier
Ou épandre ma semence de sel
Dans la moindre vallée d'une saie pour pleurer

La majesté en flammes de la mort de cette enfant.
Je n'assassinerai pas
L'humanité de son départ par une vérité grave
Ni ne blasphémerai à néant les stations de son souffle
De quelque autre
Élégie à l'innocence et à la jeunesse.

Profondément avec les premiers morts repose la fille de
     Londres,
Revêtue de ses longs amis,
Les grains au-delà de l'âge, les veines obscures de sa
     mère,
Secrètement sur l'onde sans pleurs
De la Tamise à l'amble.
Après la première mort, il n'y en a pas d'autre.

Sur ce versant de la vérité

Pour Llewelyn

Sur ce versant de la vérité
Tu ne peux voir, mon fils
Roi de tes yeux bleus
Dans la contrée aveuglante, jeunesse,
Que tout se défait
Sous les cieux insouciants
D'innocence et de faute
Avant que tu ne te décides à faire
Geste du cœur ou de la main,
Est rassemblé puis déversé
Dans l'obscurité sinueuse
Comme la poussière des morts.

Bien et mal, deux manières
D'aller et de venir dans ta mort
Le long de l'océan broyeur,
Roi de ton cœur dans les jours aveugles,
Se dissipent comme la respiration,
Vont criant à travers toi et moi
Et les âmes de tous les hommes

Dedans l'innocente
Obscurité, et la coupable obscurité, et bonne
Mort, et mauvaise mort, et puis
Dans l'ultime élément
Volent comme le sang des étoiles,

Comme les larmes du soleil,
Comme la semence de la lune, ruine
Et feu, l'emphase coléreuse
Du ciel, roi de tes six ans.
Et le désir mauvais,
Jusqu'à l'origine des plantes
Et des animaux et des oiseaux,
Eau et lumière, la terre et le ciel,
Est arrêté avant que tu fasses mouvement,
Et tous tes actes, toutes tes paroles,
Chaque vérité, chaque mensonge
Meurent dans l'amour qui ne juge pas.

À *d'autres qu'à toi*

Ami ou ennemi je te défie de paraître.

Toi avec une pièce fausse dans ton orbite,
Toi mon amie là avec ton air vainqueur
Qui me refilas le mensonge quand tu lanças un
        regard
Insolent sur mon secret le plus farouche,
Attiré par des morceaux brillants de l'œil
Jusqu'à ce que la dent goulue de mon amour mordît à
        vide,
Irrité à la fin, et j'ai bafouillé et gobé,
Toi que j'invoque à présent pour qu'en voleuse tu te
        dresses
Dans la mémoire frayée par des miroirs,
Avec un geste au sourire inoubliable,
Rapidité de la main dans le gant de velours
Et tout mon cœur sous ton marteau,
Tu fus jadis créature si gaie, si franche
Une familière sans désir
Je n'ai jamais pensé à proférer ou penser
Tandis que tu déplaçais une vérité dans l'air,
Que bien que je les aie aimés pour leurs défauts

Comme pour leur bon côté,
Mes amis étaient mes ennemis sur des échasses
Leurs têtes dans un nuage de ruse.

Amour dans l'asile

Une étrangère est venue
Partager ma chambre dans la maison folle
Une fille, oiseau dément

Verrouillant la nuit de la porte avec son bras de plumes.
Droite dans le lit-labyrinthe
Elle leurre la maison à l'épreuve du ciel avec des nuages

Et elle leurre la chambre de cauchemar en marchant,
En liberté comme les morts,
Ou chevauche les océans imaginaires des pavillons
d'hommes.

Elle est venue possédée
Celle qui accueille la lumière trompeuse à travers le mur
bondissant,
Possédée par les cieux

Elle dort dans l'auge étroite et pourtant elle foule la
poussière
Puis délire tout son soûl

Sur les planches de la maison de fous, amincies par mes
    pleurs en marche.

Et surpris par la lumière dans ses bras à la longue, enfin
    Je peux sans faute
Souffrir la vision première qui mit feu aux étoiles.

Le bossu du parc

Le bossu du parc
Un monsieur solitaire
Libérait les eaux et les arbres
Dès que s'ouvrait la serrure
Du jardin qui les retenait
Et jusqu'à la sombre note
De la cloche du dimanche soir.

Mangeant du pain dans du papier journal
Buvant de l'eau dans la coupe enchaînée
Que les enfants remplissaient de gravier
Dans la fontaine du bassin où je lançais mon voilier
La nuit, il dormait dans une niche
Mais personne ne l'enchaînait.

Comme les oiseaux du parc
Il arrivait tôt
Comme l'eau, il se tenait assis,
Mais « Monsieur », « Hé, Monsieur »
L'appelaient les enfants échappés de l'école
Et il courait avant même que leurs cris
Lui soient perceptibles.

Passé le lac et les rocailles
Il riait en agitant son journal
Bossu de rire
À travers le zoo bruyant des allées de saules
Évitant le gardien du parc
Et son bâton clouté.

Et ce bon vieux chien
Solitaire entre les cygnes et les nourrices
Tandis que les enfants parmi les saules
Faisaient sauter des tigres de leurs yeux
Et rugissaient sur les rochers
Et que les allées bleuissaient de marins

Faisait, jusqu'à l'heure de la cloche
Surgir une figure de femme sans défaut
Droite comme un jeune orme
Droite et haute, de ses os contrefaits,
Qui pourrait se tenir près de lui
Dans la nuit, après l'heure des chaînes et des serrures.

Toute la nuit dans le parc défait
Après l'heure des grilles et des arbustes
Les oiseaux l'herbe les arbres le lac
Et les libres enfants innocents comme les fraises
Avaient suivi le bossu du parc
Dans son chenil dans le noir.

Dans sa tête abaissée

I

Dans sa tête abaissée
Ses ennemis trouvèrent leur lit,
Sous la paupière encombrée,
À travers le tambour ondulé de l'oreille enfouie sous les
cheveux;
Et de Noé la colombe attisée à présent cruelle
Fit là s'envoler l'enfantement.
La nuit dernière dans un flot ravisseur
Des baleines débridées de la tombe verte
Dans les fontaines de l'origine abandonnèrent leur amour,
Sur la rive de son innocence firent se glisser
Juan en flammes et le roi Lear sauvagement jeune,
La reine Catherine hurlant nue
Et Samson noyé dans sa propre chevelure,
Les intimités colossales d'étrangers
Silencieux entrevus jadis ou ombres sur une
marche d'escalier;
La sombre lame, soupirant lascivement
Sur une couche de foin et les faux de ses épaules
La renversa et siffla cent fois

Avant que le matin à cris de coq ne
monte;
L'homme était l'Angleterre en feu, elle marchait en
dormant, et l'île ensorceleuse
Assoupit ses membres aveuglés par des charmes
lumineux,
Sommeil à un sommeil nouveau-né langé dans un pagne
de feuilles
La caressa et chanta
Et son bien-aimé fugitif tel un enfant
s'endormit dans la glandée de sable.

II

Là où une langue innombrable
Enveloppa leur chambre dans un gémis-
sement mâle,
Sa foi autour d'elle flottait défaite
Et l'obscurité tapissait les murs de corbeilles de serpents,
Un homme à narines de fournaise, aux membres-colonnes
Sur- ou quasi-homme
Tel à ses sens émoussés
Le voleur de l'adolescence,
Matinal imaginaire à demi remémoré
Océanique amant solitaire
Que la jalousie, malgré elle, ne peut oublier,
Fit son mauvais lit dans sa bonne
Nuit, et en jouit selon sa volonté.
Pleurant, en robe blanche, des entresols éclairés par la
lune
Jusqu'à la marée étagée à l'écoute,
Proche et lointaine elle annonça le larcin du cœur

40

Dans le corps à plusieurs âges possédé,
        Mariée, transgression et rupture
        Célébrant à son côté
Tous les assauts scellés par le sang et les mariages
    évanouis dans lesquels il n'eut point part aimante
        Ni ne pouvait, malgré son orgueil, partager,
        ne fût-ce que l'infime
Murmure et répugnant coup d'aile du prêtre nocturne
    officiant
Ses heures sacrées, sacrilèges avec la toujours anonyme
    bête.

III

        Deux grains de sable ensemble au lit,
        Tête contre tête à-l'entour-du-ciel,
        Seuls sont étendus avec tout le vaste rivage,
C'est la mer couvrante, leur nuit sans noms;
Et hors de chaque coquillage à dôme établi sur le sol
        Une voix enchaînée clame
        La femelle, à la mort, la mâle
        Trahison amoureuse,
En volutes dorées sous le voile d'eau.
        Une oiselle dormant friable
Près des ailes de son amant repliées pour le vol de
    demain,
        Dedans la fourche d'arbre nidifiée
        Chante le faucon qui piète
Charogne, paradis, piaille donc mon jaune d'œuf éclatant.
        Une lame d'herbe étend son désir au pré,
Une pierre repose perdue et close dans la colline à hauteur
    d'alouette.

Ouverte comme à l'air, à l'ombre nue
           Ô elle repose solitaire et tranquille,
           Innocente entre deux guerres,
Avec l'incestueux frère secret dans les secondes
      à perpétuer les étoiles,
           Un homme déchiré pleure dans la nuit unique.
Et les nouveaux arrivants, les séparateurs, ennemis venus
      de la profonde
Ténèbre oubliée, laissent reposer leur pouls et enterrent
      leurs morts dans son sommeil infidèle.

Morts et Accès

Presque au crépuscule incendiaire
De plusieurs morts proches,
Quand l'un au grand moins de tes mieux aimés
Et toujours familiers doit quitter
Lions et feux de sa respiration volante,
De tes amis immortels
Qui élevaient le son des orgues des cendres comptées
Pour entonner et lancer haut ton éloge,
Celui qui appela au plus profond, là gardera le silence
Qui ne peut sombrer ou cesser
Sans fin vers sa blessure
En la douleur aliénante de Londres mille fois épousée.

Presque au crépuscule incendiaire
Quand à tes lèvres et clés,
Fermant, ouvrant, les étrangers assassinés errent,
De tous le plus inconnu,
Ton voisin l'astre polaire, soleil d'une autre rue,
Plongera jusqu'à ses pleurs.
Il baignera son sang pluvieux dans l'océan mâle
Qu'il enjamba pour tuer
Et fera tourner son globe hors du fil de ton eau

Et chargera les gorges des coquillages
De chaque cri poussé depuis que la lumière
A jailli à travers tes yeux tonitruants.

Presque au crépuscule incendiaire
Des morts et accès,
Quand proches et inconnus, des blessés sur les flots de
Londres
Ont cherché ta tombe solitaire,
Un ennemi, entre beaucoup, qui sait bien
Ton cœur lumineux
Dans l'obscur scruté, tremblant à travers serrures et
cavernes,
Tirera à soi le tonnerre
Pour fermer le soleil, plongera, chevauchera tes clés
obscurcies
Et écorchera les cavaliers pour qu'ils fassent retour,
Jusqu'à ce que le moins aimé de tous
Se profile, ultime Samson de ton zodiaque.

Sur un anniversaire de mariage

Le ciel est déchiré à travers
Cet anniversaire en loques des deux
Qui trois ans s'accordèrent pour parcourir
Les longues routes de leurs vœux.

À présent leur amour est perdu
Et Amour et ses patients rugissent à la chaîne;
Depuis chaque nuage réel
Ou porteur de cratère, Mort frappe leur maison.

Trop tard dans la pluie fallacieuse
Les voici réunis eux que leur amour a séparés
Les fenêtres se déversent dans leur cœur
Et les portes brûlent dans leur cerveau.

Il y eut un sauveur

Il y eut un sauveur
Plus rare que le radium,
Plus commun que l'eau, plus cruel que la vérité ;
Des enfants écartés du soleil
S'assemblaient dès qu'il ouvrait la bouche
Pour entendre la note d'or tourner dans une
rainure,
Des prisonniers des désirs verrouillaient leurs yeux
Dans les geôles et les chambres de ses sourires sans clé.

La voix des enfants dit
Depuis un désert perdu
Que le calme devrait s'instaurer dans son
inquiétude rassurante,
Quand l'homme-entrave blessait
Homme, animal ou oiseau
Nous cachions nos peurs dans ce souffle assassin,
Silence, silence à instaurer, quand la terre gronda,
Dans les asiles et les tanières du cri épouvantable.

Il y avait de la gloire à entendre
Dans les églises de ses larmes,

Sous son bras duveteux tu soupiras quand il
frappa,
  Ô toi qui ne pouvais pleurer
  Jusqu'au sol quand un homme mourait
  Tu ajoutais une larme de joie au déluge sur-
  naturel
Et posais ta joue contre une coquille à forme de nuage :
Maintenant dans l'obscurité il n'y a plus que toi-même
  et moi-même.

  Deux frères assombris, orgueilleux, crient,
  Figés côte à côte par l'hiver
  Vers cette année inhospitalière et creuse,
  Ô nous qui ne pouvions tirer de nous
  Le moindre soupir quand nous entendîmes
  L'avidité en l'homme déferler, enflammer le
  prochain
Mais avons gémi et niché dans le mur bleu-de-ciel
Maintenant nous versons une larme géante pour la chute
  peu connue,

  Pour l'affaissement des maisons
  Qui n'allaitèrent pas nos os,
  Courageuses morts d'êtres uniques, jamais
  découverts,
  Maintenant voyons, seuls en nous-mêmes,
  Notre vraie poussière d'étrangers
  Chevaucher à travers les portes de notre maison
  jamais franchie.
Exilés en nous-mêmes nous éveillons le doux
Amour à mains ouvertes, sans bras, soyeux et rude qui
  brise le roc.

Sur le mariage d'une vierge

Se réveillant seul dans une multitude d'amours quand
    la lumière du matin
Surprit dans ses yeux ouverts, ses yeux de longue nuit
Son hier doré endormi sur l'iris
Le soleil de ce jour bondissant de ses cuisses jusqu'au
    ciel
Fut virginité miraculeuse, ancienne comme pains et pois-
    sons,
Bien que l'instant d'un miracle soit éclair sans fin
Et que les chantiers des pas de Galilée cachent une flotte
    de colombes.

Plus jamais les vibrations du soleil ne porteront le désir
Sur son oreiller de profonde mer où elle se maria solitaire,
Son cœur aux cinq sens, lèvres happant l'avalanche
Du fantôme d'or qui de ses flots cerclait ses os de
    mercure,
Qui sous les jambages de ses fenêtres hissa le bagage
    doré
Car un homme dort où le feu a sauté bas et elle apprend
    à travers son épaule
Soleil sans égal, le courir jaloux de l'autre sang.

Cérémonie après
un raid incendiaire

I

Mes « Moi »
Les pleureurs
Pleurent
Un enfant de quelques heures
Brûlé dans la rue
Par la mort sans fatigue,
Et sa bouche carbonisée qui
Pétrit le sein noir de la tombe
Que sa mère creusa et ses bras chargés de feux.

Et le chant
fut.
Chantez
L'Obscur rallumé
Pour un retour au commencement
Quand la langue liée hochait, aveugle,
Une étoile s'est brisée
Contre les siècles de l'enfant
Que mes « Moi » pleurent, que les miracles ne peuvent
    expier.

Pardonne
-nous
Pardonne-nous ta mort, que mes « Moi » les croyants
Puissent contenir le grand Déluge,
Jusqu'à ce que le sang puisse gicler
Et que la poussière puisse chanter comme l'oiseau
Comme la graine souffle, comme ta mort croît
À travers nos cœurs.
Hurlant
Ton cri
De mourant,
Enfant d'outre-éveil, dans la rue
Aux flammes-naines, nous chantons
L'envol de l'océan
Dans le corps déserté.
L'amour est la dernière voix de la lumière.
Oh
Semence des fils dans les reins
Sous leur cosse noircie!

II

Je ne sais qui
D'Ève ou d'Adam, du bœuf
Couronné, sacré ou de la blanche brebis
Pleine ou de la vierge élue
Endormie dans sa neige
Sur l'autel de Londres,
Fut le premier à mourir
Dans la cendre du petit crâne,
Ô épouse et époux

Ô Adam et Ève réunis
Dans le lugubre
Sein de la pierre tombale
Blanche comme squelette
Du jardin d'Éden!

Je sais seulement que la légende
D'Adam et Ève n'est pas un instant
Passée sous silence dans mon office
Pour les enfants morts
Pour cet enfant-là
Qui fut prêtre et servants,
Verbe, chanteurs, langue
Dans la cendre du petit crâne,
Qui fut chute originelle
Dans la nuit du Serpent
Et fruit premier, solaire,
Homme et femme inaccomplis,
Commencement fracassé
Retour à l'Obscur
Nu comme les serres
Du jardin dans le désert.

III

Dans les tuyaux d'orgue et les flèches de clochers
Des cathédrales de lumière,
Dans les bouches en fusion des girouettes,
Frissonnant dans les cercles à douze vents,
Dans l'horloge morte qui brûle le temps
Sur l'urne des Sabbats
Sur le fossé tourbillonnant de l'aube

Sur le taudis du soleil et les bas-fonds du feu
Et sur le pavé doré des requiem,
Dans le pain des champs de blé en flammes,
Dans le vin qui flambe comme alcool,
La messe de la mer
La messe de la mer sous
La messe de la mer maternelle
Entre en éruption, fontaine de l'éclair éternel :
Gloire gloire gloire
Au royaume ultime et premier de la genèse !

Reste immobile, dors dans l'accalmie

Reste immobile, dors dans l'accalmie, souffrant avec la
    blessure
Dans la gorge, qui brûles et fais retour. Toute la nuit à
    flot
Sur l'océan de silence nous avons perçu le son
Qui venait de la blessure enveloppée dans le drap de
    sel.

Sous la lune d'un mille au-delà nous avons tremblé
    écoutant
Le bruit de l'océan couler comme sang de la blessure
    criante
Et quand le drap de sel se rompit en un ouragan de
    chants
Les voix de tous les noyés nagèrent dans le vent.

Ouvre un chemin à travers la triste lente voile,
Ouvre grandes au souffle les portes du bateau errant
Pour que commence mon voyage vers la fin de ma
    blessure,
Nous avons entendu le bruit de l'océan chanter, et vu
    le drap de sel scander.

Reste immobile, dors dans l'accalmie, cache la bouche
     dans la gorge,
Ou nous devrons obéir, et chevaucher avec toi entre les
     noyés.

Vision et Prière

I

Qui
Es-tu, toi
Qui nais dans
La chambre à côté
Si fort près de la mienne
Que je peux entendre la matrice
S'ouvrir et l'obscur soudain courir
Au-dessus du fantôme et de l'enfant délivré
Derrière le mur aussi fin qu'un os de roitelet?
Dans la chambre natale inconnue au feu
Et au vœu du Temps l'empreinte
Du cœur de l'homme ne
Répand nul baptême
L'obscur   seul
Bénit le très
Sauvage
Fils.

Je
Dois reposer
Comme pierre
Contre le mur en os
De roitelet, écoutant le
Gémissement de la mère cachée
Et la tête d'ombre de la douleur
Projetant le futur comme une épine
Et les sages-femmes du miracle chantent
Jusqu'à ce que le turbulent nouveau-né
Me brûle de son nom et de sa flamme
Et que le mur ailé se déchire
Sous sa couronne torride et
Rejette l'obscur d'un
Coup de reins à
La lumière
Vive.

Quand
L'os d'oiseau
Se tordra et se
Brisera et quand la
Première aube en un flot
De colère essaimera les parages
De l'éternité de l'enfant qui éblouit
Le paradis et de la mère virginale
Éclaboussée qui le porta, avec un feu
De joie dans la bouche et sut le bercer
Comme une tempête, je fuirai à perte
De souffle en terreur soudaine et
En lumière de la chambre
Décapuchonnée hurlant
En vain dans le
C h a u d r o n
De son
Baiser.

En
La   vrille
Du soleil dans
Le cyclone écumant
De son aile, oui, j'étais
Perdu, oui, moi qui crie
Contre le trône détrempé de
L'homme dans sa fureur native
De ses flots et des éclairs de l'adoration
Dos tourné contre le noir silence mêlé
De larmes, oui, j'étais perdu, moi
Qui   parviens   abasourdi
Au   paradis   et   à   son
Découvreur et le haut
Midi de sa blessure
Aveugle   mon
Cri.

Là
Couché
Nu sur l'autel
De   sa   poitrine
Flamboyante je m'éveillerai
Au Jugement divin des fonds sans
Cage de la mer au nuage montant de
La tombe qui s'exhale à la poussière
Qui s'élève et salue chaque grain
De sa flamme. Ô spirale de
L'ascension   de   l'urne-
Vautour du matin de
L'homme quand
La terre
Et

La
M e r
Génésique   ont
Loué le soleil lui, le
Découvreur   le   juste
Adam   nouveau-né   chanta
L'origine elle-même! Oui, les
Enfants ont des ailes! Ô l'envol vers
La blessure des anciens enfants égarés
Dans les canyons de l'oubli! La foulée
Stellaire de ceux qui furent tués
Dans les batailles! Les saints
Nés   de   leurs   propres
Visions! La maison où
Habite le monde!
La peine souffre
Ouverte et je
Meurs.

II

Au nom des égarés qui glorifient
Les plaines porcines de la charogne
Sous les chants funèbres des
Oiseaux de somme lourds des
Noyés de la verte
Poussière et portant
Le fantôme
Depuis le sol
Comme
Du pollen
Sur le noir
Plumet et sur le bec
De limon je prie même
Si je n'appartiens pas tout
À fait à cette engeance
Larmoyante puisque la joie a investi
La moelle même de l'os de mon cœur

En voyant que l'enfant apprend lune et soleil
Dans le lait de sa mère et qu'il peut
Revenir avant que ses lèvres
Flamboient ou fleurissent à la
Chambre sanglante de la
Naissance derrière le
Mur en os de
Roitelet et
Ne se
Ferment
Et que la
Matrice qui porta
Pour tous les hommes
La lumière de l'enfant adoré
Ou la prison éblouissante ne
S'entrouvre à son arrivée. Au nom de
Ceux qui se perdirent sur la montagne jamais
Baptisée au centre de l'obscur, je le prie de

Laisser les morts reposer même s'ils gémissent
Pour que ses mains-épines le hissent
Jusqu'à l'autel de sa blessure-au-
Monde et au jardin de la goutte
De sang endurant l'hôte
Aveugle de la pierre
Endormi dans
L'obscur et
Profond
Roc et ne
Réveille nul os
De cœur, qui se
Brisera sur la couronne
De montagne non saluée par
Le soleil et la poussière battue se
Répandra sur la plaine qui pourrit la
Rivière sous la nuit éternellement tombante.

La nuit éternellement tombante est une
Étoile connue et un pays pour la légion
Des dormeurs dont je sonne la langue
Pour pleurer la lumière en
Déluge à travers mer et sol
Et nous voici avertis de
Tous les lieux routes
Labyrinthes petits
Passages
Quartiers et tombes
De la chute éternelle
À présent, Lazare banal
Sur la carte du sommeil,
Qu'il prie de ne jamais se
Réveiller ou s'élever car le pays
De la mort est à la taille de son cœur.

Et l'étoile des égarés a la forme de ses
Yeux. Au nom des orphelins de père
Au nom de ceux qui ne sont pas
Nés au nom des sans-désir
Des mains ou instruments
Du matin sage-femme
Au nom de
P e r s o n n e
Ou de
Nul
À être
Je prie que
Puisse le soleil
Cramoisi filer une grise
Tombe et la couleur de l'argile
Emporter dans son flot son martyr
Dans le soir sans fin réinterprété
Et l'obscur connu de l'amen de la terre.

Le vœu et le feu de la prière me brûlent
Dans une soudaine bénédiction du soleil.
Au nom des damnés, je reviendrai
Et pourrai courir vers
La terre cachée mais le
Soleil, si fort,
Baptise le
Ciel. Je
Me
Trouve.
Ô laissez-le
M'ébouillanter,
Me noyer dans sa
Blessure-au-monde. Son
Éclair est une réponse à mon cri.
Ma voix brûle dans sa main.
Désormais je suis un égaré car il m'éblouit
Aussi. Le soleil rugit à la fin de ma prière.

Printemps sacré

Ô

Hors d'un lit d'amour
Quand cet immortel hôpital fit mouvement encore pour
    apaiser
        Le corps incurable et minuté
           Et ruine et ce qui la suscite
Sur la mer hérissée et bondissante montaient à l'assaut
        Et inondaient nos blessures et maisons,
Je me lève pour saluer la guerre que je n'ai pas à cœur
    sinon par
        Cette unique ténèbre qui me donne la lumière,
Je cherche confesseur et miroir plus avisé mais en vain
        Nul ne resplendira après la nuit qui lapida le
        dieu
Et je suis frappé, aussi solitaire qu'un artisan sacré, par
    le soleil.

Nul

Éloge au printemps s'il est tout
Gabriel et bosquet ardent à mesure que le matin grandit
joyeux
Hors du bûcher endolori
Et le morne pleur de la multitude s'affroidit sur le mur
en larmes
Mon père le soleil
Prodigue se levant, son carquois chargé d'enfants de pur
feu,
Mais bénis soient la grêle et le cataclysme,
Qui à nouveau bouleversent le calme. Unique certitude :
se lever pour chanter
Solitaire dans la cosse de la maison de l'homme
Et la mère et chancelante maison du printemps sacré,
Ne fût-ce que pour une dernière fois.

La colline aux fougères

Alors j'allais jeune et souple sous les branches des
    pommiers
Près de la maison berçante et heureux comme l'herbe
    est verte,
        La nuit au-dessus de la vallée étoilée,
            Le temps me laissait clamer et gravir
          Doré dans les beaux jours de ses yeux,
Et honoré parmi les chariots, j'étais prince des villes de
    pommes
Et, sous ce temps-là, seigneur des arbres et feuilles
           Aux traînes d'orge et de marguerites
    Je descendais les rivières de la lumière immature.

Alors j'étais vert et sans-souci, célébré parmi les granges
Près de la cour heureuse et je chantais dans cette ferme
            Qui était ma maison,
        Dans le soleil qui n'est jeune qu'une fois,
           Et le Temps me laissait jouer et me
        Dorer dans la grâce de ses pouvoirs,
Et vert et doré, j'étais le Chasseur et le Berger et le
    troupeau
Répondait à mon cor et les renards sur les collines

Aboyaient leur cri froid et clair
Et le sabbat tintait lentement
Sur les galets de la rivière sacrée.

Et tout au long du soleil, il courait, délicieux, le foin
Haut comme la maison, les mélodies des cheminées,
    c'était l'air
        C'était l'eau et leurs jeux
            Et le feu, vert comme herbe.
        Et la nuit sous les simples étoiles
Tandis que je chevauchais vers le sommeil, les chouettes
    emportaient
La ferme et tout au long de la lune, j'entendais, béni
        Parmi les écuries, les engoulevents
        S'envoler avec les querelles
            Et les chevaux ruer dans l'Obscur.

Et puis au réveil, la ferme, vagabonde blanchie de rosée
Revenait, le coq sur son épaule : c'était toute
        Lumière, comme Adam et la jeune vierge,
            Le ciel se filait à nouveau
        Et le soleil s'enroulait comme au premier jour.
C'était comme à la naissance de la simple lumière
Pendant le tissage du lieu originel, quand les chevaux
        Ensorcelés sortaient encore chauds
        De la verte et hennissante écurie
            Pour les champs de louanges.

Et honoré parmi les renards et les faisans
Près de la maison joyeuse, sous les nuages nouveaux et
    aussi
        Heureux que le cœur était fort,
        Dans le soleil nouveau-né

Je courais mes chemins sans-souci
Mes désirs lancés dans le foin aussi
Haut que la maison
Et je ne me préoccupais pas, dans mon commerce de
bleu du ciel
De ce que le Temps n'accorde, dans son cycle mélodieux
Que si peu de ses chants matinaux
Avant que les enfants verts et dorés
Ne le suivent dans sa chute hors de la Grâce,

Et je ne me préoccupais pas, en ces jours blancs comme
l'agneau,
De ce que le Temps m'emporterait dans ce grenier bondé
D'hirondelles à l'ombre de ma main,
Dans la lune toujours montante,
Ni que, galopant vers le sommeil
Je l'entendrais voler par les champs
Et m'émerveillerais dans une ferme à jamais absente
Du Paradis de l'enfance.
Oh et j'étais alors jeune et souple par la grâce de ses
pouvoirs
Et le Temps me piégeait, vert et mourant
Tandis que je chantais dans mes chaînes comme
la mer.

III

LA CARTE DU TENDRE

Parce que l'oiseau du plaisir siffle

Parce que l'oiseau du plaisir siffle sur les câbles brûlants
Le cheval aveugle chantera-t-il plus suavement?
Oiseau accommodant et animal au gîte sont couchés
    pour souffrir
Le repas et les couteaux d'une humeur.
Dans la neige reniflée et déversée sur le bout de la langue
    de l'année
Qui ravaude le crachat comme bulles aux chambres
    brisées;
Un amoureux seul par les brindilles de ses yeux, deux
    feux,
Campé dans la blancheur de drogue d'une pluie de nerfs
    et nourriture,
Savoure le coup de langue du temps à travers la forêt
    meurtrière d'une chevelure
Dans un vent qui pluma une oie,
Et jamais, comme la langue sauvage brise ses tombes,
Ne se retourne pour regarder la rouge racine qui remue.
Parce que là se tient, un étage au-dessus de la ville
    clocharde,
Cette épouse gelée dont les sucs dérivent comme une
    mer figée

Secrètement statufiée,
Ne vais-je, frappé dans la rue torride et cahotante
Pas tournoyer pour réinvestir une année ancienne
Basculant et brûlant dans la tourbe des tours et galeries
Comme les images malmenées des garçons?
La personne de sel et le lieu fracassé
Je les pourvois avec la substance d'une fable,
Si les morts meurent de faim, leurs estomacs se retournent
          pour chavirer
Un homme debout dans la mer
Des antipodes ou de l'embrun et des poitrines de rochers :
Sur la table ancienne je répète ce bénédicité.

Dans une absence guerroyante

Ceci je le fais dans une absence guerroyante quand
Chaque minute ancienne, raidie comme pierre, de la
saison d'amour
Assure un port à ma langue à l'ancre, glisse le long du
quai,
Quand, bénie la louange, son orgueil en mât et fontaine
Déferlant, attisé par l'océan que la main a formé,
Dans ce fier arbre navigateur aux branches charriées
À travers l'ultime voûte et la proue végétale
Et cette maison frêle vers un paradis aux colonnes de
moelle,

Est rebut, lambeau de souffle, sarclure froissée, vaine
Tête d'opium, tige de corbeau, gonflé, coupé et soufflé,
Ou comme le nœud du thorax ébranché par la marée,
est déchiré par le récif
Ou ancestralement rompu, hymen encordé de la mer,
Et, ultime orgueil, est pareil à l'enfant solitaire
Attiré par les vents magnétiques vers sa mère aveugle,
Demeure du pain et du lait dans une ville édentée.

Elle construit pour moi une innocence d'ortie
Et une faute de pigeon soyeux dans sa fière absence,
Dans les rocs molestés la coquille des vierges,
La franche perle enclose, les traits des filles de la mer
Brillent dans les cavernes défoncées, aux empreintes de
    sirènes,
Est vierge dans le rouvre honteux et présage
Lit de baleine et danse de taureau, le buisson doré des
    lions,
Fière comme pierre sucée et vaste comme grains de sable.

Voici ses contraires : la bête suiveuse
À pied sépulcral de prêtre et à main aux cinq assassins
Ses colonnes étagées en fusion à niches de mâchefer,
Appelle le troupeau affamé du feu, est rendue glace
Perdue dans un silence jeûneur, semblable à un arbre
    boiteux,
Qui escalade une colline hélante par ses froides marches
    de silex
Tombe sur un anneau d'étés et de midis verrouillés.

Du squelette d'un âne je fais une arme
Et je foule les sables guerriers dans la ville morte,
Bâtonne le grand air, saccage l'Est et bascule le coucher
    du soleil,
Prends d'assaut son cœur véloce, je suspends avec les
    veines décapitées
Sa coquille torse, et laisse ses paupières attachées.
Destruction, becquetée par les oiseaux, braie à travers le
    maxillaire,

Et pour ce meurtre, noir et contagieux
Telle une vague accourant, je m'étale dans la ruine.

Ruine, la chambre des erreurs, un crucifix tombé
Au fond de la mer empilée et de l'ombre à colonnes
    d'eau,
Pesé en linceul de roc, est ma fière pyramide;
Où enveloppée en toile d'émeraude et vent acéré,
La tête du héros repose raclée de toute légende,
Vient l'anatomiste, l'amour, avec sa main gantée de soleil
Qui cueille le cœur vif sur un diamant.

« La matrice de sa mère avait une langue qui lapait la
    boue »
Criaient les lèvres sans faîte, enrubannées pouce à pouce
    depuis écheveau et capuchon
Dans cette lumineuse terre d'ancrage où je gis enlinceulé,
« Un lézard jaillissant avec le fil du poison noir
Se fendit pour se refourcher à travers le lit tétanique
Et, blancheur de souffle, la bouche voilée de semence. »
« Vois » tambourinaient les masques raidis, « comment
    s'élèvent les morts :
Dans la volute sans fin de l'aine un homme est enche-
    vêtré. »

Ces yeux jadis aveugles ont humé un vent de visions,
La racine du chaudron à travers cette main jadis sans
    écorce
Fuma comme un arbre, et lança un oiseau brûlant;
Avec dent hurleuse et déchirée, avec queue, avec tambour
    de toile d'araignée
Les meutes chiffonnées s'enfuirent devant ce fantôme en
    fleur,
Et, doux comme pardon d'un nuage d'orgueil,
Le monde terrible mon frère met à nu sa peau.

Maintenant dans la grande poitrine du nuage reposent
  des pays tranquilles,
Elle, mers délivrées, mon amour, de son lieu de fierté
Marche sans blessure, ni éclair sur son visage,
Un vent calme souffle qui dressa les arbres comme che-
  veux
Jadis où le sang de la douce neige devint glace.
Et bien que mon amour tire sur l'air pâle, mamelonné,
Les fiertés de demain s'allaitant dans ses yeux,
Ceci je le fais dans une présence conciliante.

Quand tous mes cinq sens champêtres

Quand tous mes cinq sens champêtres verront,
Les doigts oublieront les pouces verts et sauront
Comment, à travers l'œil végétal de leur croissant de
      lune,
La cosse de jeunes étoiles et le zodiaque de la main,
L'amour dans son gel est rogné par l'hiver,
Les oreilles murmurantes verront l'amour se dissiper
Comme rumeur de tambour, de la brise, de la coquille
À une plage dissonante
Et fouettée de syllabes, la langue-lynx crier
Que ses blessures amoureuses guérissent avec amertume.
Mes narines voient sa respiration brûler comme
      un buisson.

Mon unique et noble cœur a des témoins
Dans toutes les contrées de l'amour, qui s'éveilleront
À tâtons; et quand le sommeil aveugle gouttera
Sur mes sens espions, le cœur sera sensuel
Même quand toutes mes cinq paupières se briseront.

Nous, allongés sur le sable

Nous, allongés sur le sable, nous voyons jaune
Et la mer grave et nous moquons des railleurs
Qui suivent de rouges rivières, alcôves
De mots creusées dans l'ombre des cigales,
Car dans cette jaune tombe de sable et d'océan
Un appel à la couleur appelle avec le vent
Grave et gai comme la tombe et la mer
Qui dorment au bout de nos mains.
Les silences lunaires, la marée silencieuse
Léchant les canaux tranquilles, la sèche lune,
     maîtresse
Des marées entre désert et trombe d'eau,
Soigneraient nos misères d'eau
Avec un calme monochrome ;
Du sable monte une musique divine
Avec la hâte des grains
Dissimulant les montagnes et les demeures d'or
De la plage grave et gaie.
Liés par un ruban souverain, nous, allongés
Nous contemplons ce jaune, espérant que le vent
Emporte les strates du rivage et noie le roc rouge ;
Mais les vœux sont stériles et nous, impuissants

À empêcher la venue d'un monde pierreux,
Nous contemplons ce jaune jusqu'à ce que le cli-
     mat
Doré se brise, ô mon sang, comme cœur et colline.

La cloche à langue empoussiérée

La cloche à langue empoussiérée des pécheurs m'appelle
    aux églises
Quand, avec ses torche et sablier, comme un prêtre de
    soufre,
Son talon animal fourchu dans une sandale,
Le temps marque du seul stigmate des cendres ce tison,
    la noire nef,
Douleur aux mains échevelées arrache le spectre de
    l'autel
Et un vent de flammes assassine le cierge.

Par-dessus la minute chorale j'entends l'heure chanter :
Le saint de corail du temps et la douleur de sel noient
    un immonde sépulcre
Et un tourbillon chasse le moulin à prières;
Chute de lune et empereur navigant, pâles comme l'em-
    preinte de leur marée,
Écoutent par accident de mort le clocher à horloge jeté
    à bas
Sonnant l'heure marine à travers le bronze de la
    cloche.

Il y a du bruit, de l'obscur juste sous la flamme sourde,
Orage, neige, et fontaine dans la tempête des feux d'artifice,
Un calme de cathédrale dans la maison démolie;
Douleur, de son livre trempé et de son cierge baptise le temps chérubin
Depuis la cloche d'émeraude, silencieuse; et depuis le coq cheminant de la girouette
La voix de l'oiseau sur le corail est prière.

À jamais un enfant blanc dans l'été à peau brune
Hors des fonts baptismaux d'os, de plantes, à ce tocsin de pierre
Escalade le mur bleu des esprits;
Depuis le blanc hiver qui prend l'eau l'enfant cingle en couleurs,
Cadence, dans l'écharpe crispée du tombeau, éveillé par l'insecte d'un sorcier,
Un ding-dong des tours muettes.

Par le temps je veux dire – épave et couvre-feu – le gredin de nos noces,
Au point de la nuit né dans le flanc gras d'une couche animale
Dans une chambre sacrée à l'intérieur d'une vague;
Et tous les pêcheurs de l'amour en doux vêtement s'agenouillent devant un horoscope,
Muscade, civette et persil de mer servent l'époux et l'épouse tenaillés
Qui ont mis au monde le gamin de la douleur.

Ô fais-moi masque

Ô fais-moi masque et mur pour m'abriter des espions
De tes yeux perçants, émaillés et des griffes à besicles
Viol et rébellion dans les pouponnières de ma face,
Bâillon d'un arbre frappé de mutisme pour arrêter des
      ennemis mis à nu
La langue-baïonnette en cette bribe de prière indéfendue;
La bouche que voici, et la trompette suavement soufflée
      des mensonges,
Façonnée en vieille armure et chêne la contenance d'un
      cuistre
Pour protéger le cerveau scintillant et mortifier les scru-
      tateurs
Et un chagrin de veuf, mouillé de pleurs, égoutté des
      cils
Pour voiler la belladone et permettre aux yeux secs de
      percevoir
Les autres trahissant les mensonges éplorés de leurs pertes
Par la courbe de la bouche nue ou le rire sous cape.

Le clocher tend le cou

Le clocher tend le cou. Sa statue est une volière.
Du nid de pierre il ne laisse les oiseaux emplumés
Sculptés épointer leurs gorges sur le gravier de sel,
Percer le ciel renversé, l'aile plongeant dans l'herbe et le
      talon
Enfoncé dans l'écume. Les carillons dupent la geôle du
      clocher,
Tombant comme les pluies rebelles sur ce prêtre, l'eau
Temps entre les mains des nageurs, musique pour boucle
      argentine
Et bouche. Note et plume plongent du croc du clocher.
Ces oiseaux cou tendu sont ton dévolu, chansons qui
      retournent par bonds
À la voix bâtie, ou volent avec l'hiver vers les cloches,
Mais ne dévalent pas le vent muet comme les enfants
      prodigues.

Après les funérailles
(À la mémoire d'Ann Jones)

Après les funérailles, éloges et braiements de mules,
Un vent dans les oreilles à formes de voiles, claquettes
      assourdies,
Heureuses d'une cheville de bois dans le pied épais
De la tombe, volets fermés sur les paupières, mâchoires
Dans l'obscurité, les yeux pleins de salive, les manches
      empesées de sel,
Coup matinal de la pelle qui éveille le sommeil,
Secoue un enfant désolé qui s'ouvre la gorge
Dans l'obscurité du cercueil et qui répand des feuilles
      mortes,
Qui met un os à jour d'un coup sec comme un verdict,
Après la fête d'heures et de chardons farcis de larmes
Dans une chambre, près d'un renard empaillé et d'une
      fougère fanée,
Et je me tiens auprès de ce monument, seul
À l'heure des pleurnicheries, avec la morte recroquevillée,
Dont le cœur, fontaine et coiffe, tomba, un jour,
En flaques autour des mondes desséchés du pays de
      Galles
Et noya tous leurs soleils
(Mais cette image monstrueuse pour elle est aveuglément

88

Excessive; sa mort ne fut qu'une goutte d'eau;
Elle n'aurait pas voulu que je coule dans le flux
Sacré de la célébration de son cœur; elle préfère reposer
Muette, dans les profondeurs de la terre
Et elle n'aurait pas eu besoin d'un druide pour son corps
    brisé.)
Mais moi, barde d'Ann sur un âtre surélevé, j'appelle
Tous les océans à mon office, parce que la langue noueuse
De sa vertu babille comme une cloche de bouée
Au-dessus des têtes emplies d'hymnes,
J'abats les murs des forêts de fougères et de renards
Pour que son amour chante et habite une chapelle couleur
    de terre,
Et je bénis son âme courbée d'une croix de quatre oiseaux.
Sa chair était douce comme du lait, mais cette statue
Au sein farouche, au squelette géant et béni, est sculptée
D'après son modèle dans une chambre aux fenêtres
    mouillées
Dans une maison au deuil fier, dans une année tordue.
Je sais que ses mains aigrement humbles et usées
Reposent, religieusement nouées, que son murmure
Élimé dans un mot humide, son esprit creusé,
Son visage à forme de poing se tordent de douleur;
Et Ann sculptée a soixante-dix ans de pierre.
Ces mains marmoréennes, trempées de nuages, argument
Monumental de la voix fissurée, geste et psaume,
M'assaillent à jamais sur sa tombe
Jusqu'à ce que le poumon empaillé du renard
Se contracte et crie Amour
Et que la fougère altière ensemence le seuil noir.

Jadis c'était la couleur du dire

Jadis c'était la couleur du dire
Qui inondait ma table sur le versant le plus laid d'une
     colline
Avec un champ chaviré où une école se tenait, tranquille
Et un carré noir et blanc de filles s'y répandait en jeux ;
Les doux glissoires du dire je les dois détruire
Pour que les noyés enchanteurs se relèvent pour chanter
     comme coq et tuer.
Quand je sifflais avec des gamins joueurs à travers le
     parc du réservoir
Où la nuit nous lapidions les froids, les niais
Amants dans la boue de leur lit de feuilles,
L'ombre de leurs arbres était mot à plusieurs obscurités
Et lampe d'un éclair pour les pauvres dans la nuit ;
Maintenant mon dire doit me détruire,
Et je déviderai chaque pierre comme un moulinet.

Ce n'est pas de cette colère

Ce n'est pas de cette colère, tombée à plat après
Que le refus a frappé ses reins et la fleur claudicante
Ploie animale pour laper les flots singuliers
Sur une terre sanglée par la faim
Qu'elle recevra un plein ventre d'herbes folles
Ou mettra bas ces mains-vrilles que je touche
À travers deux mers convulsives.

Derrière ma tête un carré de ciel s'affale
Sur le cercle du sourire lancé d'amant à amante
Et la balle dorée tournoie en dehors des cieux;
Ce n'est pas de cette colère après
Que le refus a cogné comme une cloche sous l'eau
Que son sourire enfantera cette bouche, derrière le miroir,
Qui brûle le long de mes yeux.

La pierre tombale disait
le jour de sa mort

La pierre tombale disait le jour de sa mort.
Ses deux noms me firent m'arrêter.
Une vierge mariée.
Elle s'est mariée dans ce lieu torrentiel,
Sur lequel je suis tombé un jour par chance,
Avant d'entendre dans le flanc de ma mère
Ou de voir dans la coquille du miroir
La pluie parler à travers son cœur froid
Et le soleil tué sur son visage.
La pierre épaisse n'en peut dire plus.

Avant qu'elle gise sur le lit d'un étranger
Une main plongée à travers ses cheveux,
Ou que cette langue pluvieuse frappe en retour
À travers les années diaboliques et les morts innocentes
Jusqu'à la chambre d'une enfant secrète,
Parmi les hommes plus tard j'ai entendu dire
Qu'elle cria, ses membres blancs vêtements soudain mis
　　à nu
Et ses lèvres rouges furent embrassées noires,
Elle versa des larmes de douleur et sa bouche gri-
　　maçait,

Elle parla et connut l'arrachement, et ses yeux pourtant
      souriaient.
Moi qui vis sur un film accéléré
La Mort et cette héroïne démente
Se rencontrer jadis sur un mur mortel,
Je l'entendis parler à travers le bec ébréché
De l'oiseau de pierre, son gardien :
Je suis morte avant l'heure du coucher
Mais ma matrice mugissait
Et j'ai senti dans ma chute nue
Une tête de flammes, rouge, rude me déchirer
Et les chers flots de sa chevelure.

En nul travail de mots

En nul travail de mots depuis trois mois maigres dans
    la sanglante
Panse de la riche année et la grande bourse de mon corps
Aigrement j'apostrophe ma pauvreté et mon art :

Tout n'est que prendre et donner, retourner ce qui avi-
    dement se donne
Gonflant les tonnes de manne à travers la rosée jusqu'au
    ciel,
Le don aimé de la faconde percute en retour un trait
    aveugle.

Élever, prendre congé des trésors de l'homme est mort
    douce
Qui ratissera enfin toutes monnaies de la respiration
    poinçonnée
Et comptera les mystères raflés, délaissés dans une obs-
    curité mauvaise.

Se rendre à présent c'est payer deux fois l'ogre dispen-
    dieux.

Forêts anciennes de mon sang, écrasez-vous sur la noisette
    des mers
Si je brûle ou restitue ce monde, de chacun le
    travail.

« Si ma tête lèse le pied d'un cheveu »

« Si ma tête lèse le pied d'un cheveu
Remballe l'os mis à bas. Si la boule vierge de mon
    souffle
Heurte un larmier, que les bulles jaillissent.
Plutôt choir avec le ver des cordes autour de la gorge
Que rudoyer l'amour malade sur la scène ravaudée.

« Toutes les phrases d'attaque épousent le cercle de ton
    combat de coqs :
Je peignerai les forêts piégées avec un gant sur une
    lampe,
Picorerai, m'élancerai, danserai sur les fontaines et esqui-
    verai le temps
Avant que pelotonné je précipite le fantôme au marteau,
    l'air,
Frapperai la lumière, et ensanglanterai une chambre de
    cris.

« Si ma venue ramassée, simiesque est cruelle
Renvoie-moi avec fureur à la fabrique. Ma main s'effile
Quand tu recouds la porte profonde. Le lit est lieu de
    colère.

Si mon voyage endolorit, courbe sa direction comme un
    arc
Ou devient forme flasque, sans-cavalier, pour sauter neuf
    mois amincissants!

« Non. Ni pour le lit éblouissant du Christ
Ni pour un sommeil de nacre parmi doux atomes, doux
    sortilèges
Mon aimé je ne changerai mes larmes ou ta tête de fer.
Pousse, ma fille ou mon fils, pour fuir, même s'il n'y a
    pas d'issue
Pas même quand l'hôte pesant du paradis des eaux paraît.

« Maintenant me réveiller égrenée de gestes et ma joie
    tel un antre
À l'angoisse et la charogne, à l'enfant à jamais entravé,
Ô mon amour perdu, rebondi d'un juste foyer;
Le grain qui ainsi se hâte depuis le bord du tombeau
À une voix et une maison, et çà et là tu dois coucher
    et crier.

« Repose-toi par-delà le choix dans le grain que la pous-
    sière assigne,
Contre la poitrine bondée d'océans. Il n'y a pas de retour
À travers les flots des rues grasses ou des voies maigres
    du squelette.
La tombe et mon corps calme sont fermés comme pierre
    à ton arrivée,
Et le début sans fin des prodiges souffre ouvert. »

POÈMES DE JEUNESSE

V

POÈMES DE JEUNESSE

Elle dansait – silence enveloppé de lumière
Brume dans une clarté de lune;
Une musique qui charmait la vue
Mais à l'oreille, étrangère.

Un enchantement, une fée vêtue
D'un mouvement – doux comme le sommeil;
Ellipse de toutes les joies
Somme de toutes les larmes.

Sa forme : l'esprit d'un poète,
Toutes-sensations!
Elle – substance du vent,
Profil d'une pensée lyrique;

Un être, parmi les choses terrestres
– Abandonné par le ciel;
À travers le temps, sur des ailes de lumière
Vers l'illimité!

[...]

Tremblante lueur dans l'air rose
Elle semblait refluer et couler
– Péril et beauté des souvenirs –
Ô pâle du temps traversé.

Elle pleurait du souvenir de sa douleur
Et soupirait à la joie incréée.
Ah, beauté – ardente, ardente!
Oh, corps – sage et blanc!

Elle disparut, nuage du soir
Rayon radieux du couchant.
Elle disparut. La vie, un instant, illumina
Les ténèbres à la flamme d'un rêve.

N'étant que des hommes, nous marchions dans les arbres
Effrayés, abandonnant nos syllabes à leur douceur
De peur d'éveiller les freux,
De peur d'arriver
sans bruit dans un monde d'ailes et de cris.

Enfants nous nous serions penchés
Pour attraper les freux endormis, sans briser de brindilles,
Et après une douce ascension,
Élevant nos têtes au-dessus des branches
Nous nous serions émerveillés des étoiles inaltérables.

Loin de la confusion, telle est la voie
Tel est le prodige que l'homme sait
Loin du chaos parviendrait la joie.

Cela est la beauté, disions-nous,
Enfants émerveillés par les étoiles,
Cela est le but, cela est le terme.

N'étant que des hommes, nous marchions dans les arbres.

Non, pigeon, je suis trop sage;
Pas de ciel pour moi qui porte
Ses nuages resplendissants pour toi;
Le ciel ne m'a pas beaucoup aimé,
Et s'il l'a fait, devrais-je
Ailer mes épaules et mes pieds?
Il n'y a pas d'issue.
Ah, rossignol, ma voix
Jamais n'égalera tes notes tissées
Et leur pureté.
Je ne suis pas assez sûr
Pour dire quelle note j'atteindrais si j'essayais
Mais pour moi, pas d'arbre très haut
Aux branches qui attendent l'oiseau chanteur,
Et chaque rossignol un cygne
Qui navigue sur des marées de feuilles et de bruit.
J'appartiens à la terre,
Pour toucher ce qui peut être touché,
Pour m'imiter moi-même mécaniquement,
Faire encore mes petits trucs de langage
Avec mon soin habituel.
Pas d'oiseau pour moi;
Il vole trop haut.

Vis dans ma vie;
Quand je suis triste, sois triste;
Retire de notre chaos
Quelques-uns de tes sourires sagaces,
Car j'ai de la gaieté pour deux,
Beaucoup trop pour moi seul,
Et si nous en faisons un rire cruel,
Nous aurons du temps,
Un espace de mensonges,
Pour montrer que nous pouvons être bons.
Voici ta poitrine,
Et voici la mienne;
Voici ton pied
Et voici le mien;
Mais vis dans ma vie,
J'offre si peu contre
Si peu que tu ne peux que le rendre.

La caverne me protège de la douleur;
Dans ses flancs, j'ignore la peur;
Hors de ses murs obscurs, je meurs,
Hors de son toit ailé
Aucun lieu ne me recouvre.
Ses bruits résonnent comme des cloches,
Mais quand ils cessent, d'autres sons
Reviennent, plus tristes et plus secrets.
Ange, descends.
Aucune caverne dans l'air
Ne t'abrite,
Aucune rivière ne te purifie,
Aucune vague ne bénit ton pied.
Caverne, mon Jourdain,
Son silence est un charme argenté,
Ange, je porte ma rivière autour de mon cou,
Ma caverne est ceci et cela,
Mais elle m'éloigne du vent
Et me rassure.

Nous ne pouvons accueillir
Le sommeil à la fin du jour ou de la nuit
Même par grande fatigue,
Car accueillir le sommeil, c'est accueillir la mort,
Et la mort sonne la fin du sommeil,
Et le sommeil celle de la mort et de l'amour,
Qui finit et s'endort
Car il ne peut pas durer.
Et si nous aimons, nous dormons,
Amour, sommeil et fin,
L'amour est sommeil, il finit et s'endort;
Nous saisissons tout à présent :
Amour, sommeil et mort, voilà l'unique plan.

Il y avait un monde et en voici un autre,
Car dans notre vie nous sommes morts comme bois,
Pas d'os, pas de sang,
Notre mère est en bois,
Et dans notre mort, nous apprenons cette vérité
Pensée et partagée
Que pourrira le bois – mais il ne pourrira pas.
La lourde nuit que nous respirons est éteinte
Quand le cœur cesse de battre,
Sans étoiles, quand nos veines refroidissent,
Et, nuit ou bien nuit, le même remords
Pèse sur nos têtes et sur nos cœurs,
Oubli ou bien oubli, le même chagrin
Sous la terre ou sur la terre.

Voici la mer, verte et claire
Et dans ses flancs, mille poissons
Ondulant leurs écailles en silence
Dans un monde d'herbes vertes et claires.
Voici mille cailloux : mille yeux
Tous plus vifs que le soleil.
Voici les vagues : des danseurs
Sur un parquet d'émeraude
Font des pointes
Pour danser la mer,
Légers comme pour une pantomime.

28 décembre 1930

Depuis qu'en une nuit tranquille
Je les ai entendus parler
Avec leur voix de vent
De tout le mystère de la vie
De toute la maîtrise de la mort,
Je n'ai pu dormir une seule heure
Sans être soudain troublé par leur étrange propos
Qui se glissait suavement dans mes oreilles.
L'un dit : il était une fois une femme sans ami,
Qui se tenant au-dessus de la mer, avait pleuré
Sa solitude à travers les vagues vides
Heure après heure.
Et toutes les voix :
L'oubli, c'est comme être sans-amant
L'oubli, c'est comme être sans-amant.
Et puis à nouveau : il était une fois un enfant
Sur terre, qui ne connaissait pas la joie,
Car il n'y avait pas de lumière dans ses yeux
Car il n'y avait pas de lumière dans son âme.
L'oubli, c'est comme être aveugle
L'oubli, c'est comme être aveugle.
Je les entends parler dans l'ombre
Leur langue de mort.

La verge peut soulever sa tête serpentine
Pour piquer ou mutiler mon bras
Mais si sa piqûre me tuait
Je sais que je ne souffrirais plus
Car la mort est amie de l'homme
Qui laisse sa verge être
Le sauveur de la croix
Qui peut contraindre l'éternité.
Je préfère nourrir le ver
Avec ma chair, avec ma peau
Plutôt que rester là, saignant,
Gâchant mon aptitude au péché.

Laisse-moi fuir,
Être libre (Du vent pour mon arbre!
De l'eau pour ma fleur!)
Vivre de soi à soi
Et noyer les dieux en moi
Ou écraser leurs têtes vipérines sous mon pied.
Pas d'espace, dis-tu, pas d'espace,
Mais tu ne m'y incluras pas
Même si ta cage est robuste.
Ma force sapera ta force;
Je déchirerai l'obscur nuage
Pour voir moi-même le soleil
Pâle et déclinant, pousse atroce.

Aime-moi, non comme les nourrices rêveuses
Mes poumons tombants, ni comme le cyprès
Dans son âge l'argile de la jeune fille,
Aime-moi et soulève ton masque.

Aime-moi non comme les filles du paradis
Leurs amants aériens, ni comme la sirène
Ses amants de sel dans l'océan.
Aime-moi et soulève ton masque.

Aime-moi, non comme le pigeon ébouriffé
Les cimes des arbres, ni comme la légion
Des mouettes la lèvre des vagues.
Aime-moi et soulève ton masque.

Aime-moi comme la taupe aime son obscurité
Et la tigresse le cerf craintif;
Amour et peur soient tes deux amours!
Aime-moi et soulève ton masque!

Cet amour – je le surestime peut-être
Faisant de n'importe quelle femme une déesse
Aux cheveux et aux dents admirables,
Et de ses gestes vides un monde de signification,
Et de son sourire, la fidélité même,
Et de sa moindre parole
L'immortalité.
Je suis trop gai peut-être,
Trop solennel, insincère,
Noyé dans mes pensées
Affamé d'un amour que je sais vrai
Mais trop beau.
Trop d'amour affaiblit,
Tous mes gestes
Dérobent mes grandes forces
Et les offrent
À ta main, à ta lèvre, à ton front.

Décembre 1930

114

Avant que, nus-de-mère, nous ne tombions
Sur la terre d'huile et d'or,
Entre le raid et la réponse
De la chair et des os,
Notre demande est attachée pour une fois et toutes
Près de la carrière ou du puits
Avant que les promesses soient accomplies
Et les joies devenues douleurs.

Au déversoir ou au champ
Où toutes les pierres cachées sont or,
Nous n'avons pas le choix, le choix était fait
Avant notre sang;
Et je bâtirai mon univers liquide
Et toi, avant que le souffle refroidisse
Et que les veines soient renversées et la sentence accomplie,
Ta terre solide.

Choisis le champ de brique et d'os
Ou le puits obscur du cerveau
Retire l'un, laisse l'autre demeurer.
[Tout est connu d'avance.]

La tombe dit comment elle est morte.
Elle se maria un matin de mars, mois sauvage;
Avant sa nuit de noces
Elle mourut, la fiancée de la Mort.
La tombe dit comment elle est morte.
Elle se maria un matin de mars, mois sauvage;
Couronnée de fleurs,
Avec un fermier qui cherchait une compagne
Pour dormir et parler avec elle et nettoyer les étables.
Elle mourut dans sa robe blanche,
Avec une guirlande de roses, une Croix,
Un gâteau et une alliance.
La tombe dit comment elle est morte.

Juillet 1933

Voici le ver de l'homme, voici la fête
Disait le mort,
Et en silence je trais le sein du Démon.
Voici les venins de son sang
Qui jaillissent en silence,
Voici la viande qui se détache de ses côtes.
L'enfer est dans la cendre.

Voici le ver de l'homme et voici sa rose,
Disait le mort,
Et en silence je trais les fleurs enterrées.
Ici coule en silence le miel de mon linceul,
Ici vit le fantôme qui fit de mon lit pâle
Le lieu du paradis.

Llangain
25 octobre 1933

Écrit pour une épitaphe

Nourrissant le ver
Qui blâmer
Parce que renversé
À la fin par le temps
Ici sous la terre avec fille et voleur,
Qui blâmer vraiment?
Mère je blâme
Dont le crime amoureux
Façonna ma forme
Dedans sa matrice
Qui me donna la vie et puis la tombe,
Mère je blâme
Voici la fin de son travail,
Membre et esprit — morts,
Et amour et sueur
Enfuis à présent pour pourrir.
Je suis la réponse de l'homme à toute question,
Son but et sa destination.

Mon oiseau d'or, le soleil
A ouvert ses ailes, s'est envolé
De sa cage, le ciel,
Ô balancement!
Et, comme son ombre épuisée
Blanche d'amour,
La lune, mon oiseau d'argent
S'envole à nouveau
Vers son perchoir d'étoiles.

V

POÈMES INACHEVÉS

Élégie

Trop fier devant la mort, brisé et aveugle, il est mort
De la plus noire façon, mais sans se détourner,
Brave homme froid dans son orgueil étroit

En sa plus noire journée. Oh, puisse-t-il à jamais
Reposer léger, enfin, sur l'ultime colline
Sous l'herbe, dans l'amour, et là, rester

Jeune parmi les grands troupeaux, jamais perdu
Ou calme au long des jours sans fin de sa mort
Même si lui manque par-dessus tout le sein maternel

Qui était repos et poussière et dans la douce terre
La plus noire justice de la mort, aveugle et maudite.
Qu'il ne trouve pas le sommeil, mais un père,

Telle fut ma prière dans la chambre d'effroi, près de son
      lit aveugle,
Dans la maison muette, une minute avant
Minuit et la nuit et le jour. Les rivières des morts

Veinaient sa pauvre main que je tenais, et je vis
À travers ses yeux sans lumière, les racines de la mer.
[Un vieil homme tourmenté, presque aveugle,

Je ne suis pas trop fier pour crier que Lui et lui
Ne quitteront jamais mon esprit.
Tous ses os hurlant, pauvre en tout, sauf en souffrances,

Innocent, il craignait de mourir
En haïssant son Dieu, malgré son cœur égal :
Un brave homme dans sa fierté en flammes.

Les cannes et les livres de la maison étaient à lui.
Même enfant, il ne pleurait jamais;
Pas plus à présent, sauf de sa blessure secrète.

De ses yeux, je vis la dernière lueur filer.
Ici dans la lumière du ciel divin
Un vieil homme m'accompagne où que j'aille

Et marche dans les prés au fond des yeux
De son fils, sur lequel un monde de maladies a neigé.
Il est mort en pleurant, dans la peur du dernier son

Des sphères, le monde s'éloignant de lui sans un souffle :
Trop fier pour pleurer, trop fragile pour retenir ses larmes
Et pris entre deux nuits, la cécité et la mort.

C'est bien la plus féconde blessure, qu'il soit mort
De la plus noire façon. Oh, il cachait
Les larmes de ses yeux, trop fier pour pleurer.

Jusqu'à la mort, il ne me quittera pas.]

Au paradis champêtre

Toujours quand il, au paradis champêtre,
              (Lui que mon cœur entend),
Croise la poitrine de l'Est glorificateur, et s'agenouille,
       Humble sur toutes ses planètes,
    Et pleure sur la colline d'humiliation,

Puis dans le délice et bosquet des animaux et des oiseaux
           Et la vallée canonisée
     Où les étoiles de l'aube chantent paissant encore
      Et les anges bruissent comme faisans
                  À travers les nefs des feuilles,

   La lumière et ses larmes s'écoulent ensemble
              (Ô main dans la main)
Depuis les yeux champêtres, sel et soleil, étoile et chagrin
       Au long des os joufflus et des coteaux
      Hennissant jusqu'à l'obscurité plus bas broutant.

Logées en hameaux de paradis oscillent les lampes des
       greniers,
       Dans les boqueteaux sombres, enterrés
   Buissons et hiboux s'éteignent comme bougies,

Et les champs séraphiques des bergers
                    S'effacent avec leurs blancs-

Roses troupeaux, brillance de Dieu, les agneaux bondis-
    sant à grelots
                    (sa douce espèce);
Le faucon décoché d'une étoile sculpté aveugle dans un
    nuage
            Au-dessus des noirs comtés
        Écoute les cloches et la pierraille
Des villes des douze apôtres sonner dans la nuit;
        Et le long renard comme feu
    Rôde en flammes parmi les jeunes coqs
    Dans les fermes de cette garde du paradis,
                    Mais ils dorment profondément.

Car le cinquième élément est pitié,
            (Pitié pour la mort). [...]

LA VIE ET L'ŒUVRE DE DYLAN THOMAS
1914-1953

1914   Naissance de Dylan Marlais Thomas le 27 octobre à Swansea (pays de Galles).

1931   Il quitte la « grammar school », où son père enseigne. Il devient reporter au *South Wales Daily Post*, où il travaille jusqu'en décembre 1932.

1933   18 mai : *And death shall have no dominion*, un de ses poèmes les plus célèbres *(25 Poems)* est publié dans *New English Weekly*.
Septembre : correspondance avec Pamela Hansford Johnson, écrivain et poète.

1934   18 décembre : parution de *18 Poems* (2ᵉ éd. : février 1936).

1936   Parution de *25 Poems*, qui rencontre un grand succès.

1937   21 avril : première émission radiophonique : *Life and the modern poet*.
11 juillet : mariage avec Caitlin Mc Namara.

1938   18 octobre : *The Modern Muse*, émission avec W.H. Auden, Kathleen Raine, Stephen Spender, Louis Mc Neice.

1939   30 janvier : naissance de Llewelyn.
24 août : publication de *The Map of Love* (*La Carte du Tendre*, vers et prose).
20 décembre : parution aux États-Unis d'un choix de textes sous le titre : *The World I Breathe* (*Le Monde que je respire*, nouvelles et poèmes).

1940   4 avril : parution de *Portrait of the Artist as a Young Dog* (*Portrait de l'artiste en jeune chien*, titre choisi en hommage au

Portrait de l'artiste en jeune homme que Joyce publia en 1916), recueil de nouvelles.

Septembre : début d'une collaboration de cinq ans avec Strand Films.

1943   3 mars : naissance d'Aeronwy (cf. *Vision et Prière*).

1946   Février : parution de *Deaths and Entrances* (*Morts et Accès*, poèmes).

1947   Italie.

1949   Installation dans la célèbre « Boat House » à Laugharne (pays de Galles).

Mars : visite à Prague.

24 juillet : naissance de Colm.

1950   Première lecture américaine, à l'invitation de John Malcolm Brinnin (« Étudiants juifs américains »).

1951   Écrit le poème *Do not go gentle into that good night* (*N'entre pas sans violence dans cette bonne nuit*) et une partie de sa « pièce pour des voix » : *Under Milk Wood* (*Au bois lacté*).

1952   22 février : enregistrement pour Caedmon Records.

10 novembre : *Collected Poems* (Londres, Dent).

16 décembre : mort de son père.

1953   16 avril : mort de sa sœur Nancy à Bombay.

21 avril : troisième tournée américaine.

14 mai : première représentation d'*Under Milk Wood* (New York).

10 août : lit *The Outing* à la télévision (BBC).

19 octobre : début de la quatrième tournée américaine.

9 novembre : Dylan meurt à l'hôpital Saint-Vincent de New York.

PARMI LES OUVRAGES CRITIQUES

Hélène Bokanowski-Marc Alyn : *Dylan Thomas,* Seghers, coll. « Poètes d'aujourd'hui », 1962.

Hélène Bokanowski : *Dylan Thomas,* Seghers, 1975.

DYLAN THOMAS EN FRANÇAIS

Œuvres, sous la direction de Monique Nathan et Denis Roche, 2 vol., Seuil, 1970.

Portrait de l'artiste en jeune chien, coll. « Points », Seuil.

N'entre pas sans violence dans cette bonne nuit et autres poèmes, traduits et préfacés par Alain Suied, coll. « Du monde entier », Gallimard, 1979.

DYLAN THOMAS EN ANGLAIS

Tous les livres (poèmes, proses, nouvelles, anthologies) de Dylan Thomas ont été publiés par les éditions Dent à Londres, qui proposent des éditions de poche de la plupart d'entre eux.

Constantine Fitzgibbon, en 1964, Paul Ferris, vingt ans plus tard, ont publié des éditions importantes de sa superbe *Correspondance,* chez le même éditeur, qui propose également *The Collected Stories* (1931-1953).

NOTES

> « *La description d'une pensée ou d'une action —*
> *aussi abstruses soient-elles — peut être " beaten home "*
> *(rendue familière) en la rapportant au niveau phy-*
> *sique. Toute idée intuitive ou intellectuelle peut être*
> *imagée et traduite en termes de corps — chair, peau,*
> *sang, muscles, veines, glandes, organes, cellules ou*
> *sens.* »

Dylan Thomas, *Selected Letters.*

Poésie des sens, criblée des blessures d'une enfance douce et culpa-bilisatrice à la fois, la poésie de Dylan Thomas avance tel un fleuve d'images et de désirs surgi de l'inconscient pour submerger le discours du sur-moi qui bride nos forces vitales. Avalanche de symboles d'un langage chiffré dont aucune clé n'est donnée, elle joue avec les limites de l'expression : l'objet et le sujet, imbriqués l'un dans l'autre, ne sont plus — tel le « je » de Rimbaud — étrangers à soi et à l'autre, mais impliqués l'un par l'autre. Limite et infini mystère de l'être, la parole poétique devient alors présence au monde, surprise originaire du premier regard, de la première angoisse. La poésie, vraiment, coule de source.

Page 15.   *Do not go gentle into that good night.*

Il faut avoir écouté ce poème dit par Dylan Thomas (Disques Caedmon, États-Unis) sans emphase, tendrement, pour en éprouver toute l'émotion poétique. Il est composé sur le classique mouvement d'une villanelle. Dédié à son père mourant et perdant la vue, ce poème fait rimer « night », la nuit et « light », la lumière – dans le clair-obscur du « vouloir-vivre » et du « vouloir-mourir ». (Cf. *Élégie*, p. 123.)

Page 17. *Over Sir John's hill.*

C'est l'un des poèmes préférés de W. Y. Tindall dans son hétéroclite *Reader's Guide to Dylan Thomas* (Noonday Press, États-Unis, 1962). Le poète dit la fragile splendeur de la nature, célèbre le pays de son enfance.

Page 20. *Poem on his birthday.*

Le dernier des quatre poèmes d'anniversaire recueillis dans les *Collected Poems*. À Laugharne, en octobre, le soleil est petit et chaud et jaune comme un grain de moutarde. Parmi les esprits des morts, le poète cherche un dieu et son fantôme – un dieu mort ou encore incréé, non re-né. L'obscur est une plus longue voie que la faible clarté qui tente d'éclairer cet anniversaire, ce rappel de la course inflexible vers l'abîme du temps.

Page 27. *The conversation of prayer.*

Dans le titre, la prière est au singulier, dans le poème, au pluriel. Les prières de l'homme et de l'enfant se répondent, s'échangent. Mais ont-elles le même sens, le même non-dit, la même forme de souffrance ? L'enfant n'a pas conscience du temps ; l'homme veut seulement un répit : quelle révélation sera la plus terrible ?

Page 29. *A refusal to mourn the death, by fire, of a child in London.*

Un des rares poèmes de Dylan Thomas relatifs à la Seconde Guerre mondiale (cf. *Morts et Accès*, p. 43, poème écrit dans la crainte d'un raid aérien, et *Cérémonie après un raid incendiaire*, p. 49). Ni discours ni élégie mais face à face avec le néant – de la mort ou des mots.

Page 37. *The hunchback in the park.*

Le parc Cwmdonkin de Swansea est évoqué ici comme un symbole de l'enfance citadine. Le bossu et les enfants s'opposent comme les mots luttent entre eux pour extraire le rêve et la mémoire du sombre et douloureux réel : des tigres et des marins pour les uns, une femme parfaite pour l'autre – image de la mère, de leur commune dimension inconsciente.

Page 39. *Into her lying down head.*

Dylan Thomas imagine la « trahison amoureuse » de Caitlin. Son angoisse du monde revient dans l'angoisse du couple.

Page 46. *There was a savior.*

Durant la leçon de catéchisme, des « enfants écartés du soleil » (enfermés dans la salle de classe) écoutent sur disque (« la note d'or... dans une rainure ») l'histoire d'un sauveur... qui ne leur permettra pas d'échapper aux névroses du monde des adultes.

Page 49. *Ceremony after a fire raid.*

Poème-rituel, parfois considéré comme l'un des meilleurs poèmes de Dylan Thomas, *Cérémonie* est un requiem composé d'assonances et de cris jusqu'à l'alléluia final. La guerre, la destruction, la peur de la mort, le feu sont transcendés par le poème, appel au royaume perdu *mais commun* de la genèse.

Page 53. *Lie still, sleep becalmed.*

De quelle « blessure » parle ce poème... sinon de celle du moi se heurtant au destin social ?

Page 55. *Vision and Prayer.*

Losange et sablier : formes symboliques de la naissance, tour à tour matrice et passage vers la lumière du jour, tour à tour diamant et ailes (l'os de roitelet nous rappelle peut-être que l'homme ne peut s'envoler de la condition humaine). Religion et sexe, ici encore, dans la poésie de Dylan Thomas, sont métaphores parallèles. L'enfant ramène le poète à la plus crue et cruelle évidence : le réel. Le poème est partition, parturition, texte fondateur du mystère de la vision et du cri viscéral de la prière.

Page 67. *Holy spring.*

Père-soleil, mère-maison : deux visions du monde saccagé de l'enfance.

Page 69. *Fern Hill.*

Fern hill : la ferme d'Ann Jones (voir, p. 88, *Après les funérailles*). Poème des verts paradis perdus, *La colline aux fougères* (l'innocence?) n'a plus d'existence que dans la mémoire. Le soleil et la lune, la verte nature sont enchaînés, comme l'enfant, à l'implacable cycle de la contradiction universelle, à l'alchimie du temps, de la séparation, qui transforme la nuit en lumière, la lumière fugace en nuit éternelle.

Page 75. *Because the pleasure-bird whistles.*

Écrit au retour d'un voyage à Londres en décembre 1938, ce poème parle de la « ville clocharde » où l'oiseau aveugle du plaisir ne permet pas d'oublier le sentiment du péché. Statue de sel et bénédicité sauveront-ils la cité des « morts sans repos » (*Selected Letters,* Dent editions)? *Sur le mariage d'une vierge* (p. 48) joue aussi sur deux niveaux d'interprétation, sexe et religion.

Page 77. *I make this in a warring absence.*

Caitlin et Dylan se sont disputés. Caitlin lui inflige, par un départ temporaire, une « absence guerroyante ». Une guerre des sexes décrite en images précises et obscures à la fois.

Page 81. *When all my five and country senses see.*

Chaque sens inclut tous les autres. Leurs « correspondances » rappellent le poème de Baudelaire. Le cœur et les sens ne sont-ils pas le lieu véritable du poème? L'oreille parle; les mains voient. Leur quête d'amour est la respiration du poète.

Page 82. *We lying by seasand.*

La saison dorée ne peut durer. C'est la saison des amours. Chaque grain de sable est une possibilité de vie – mais l'ensemble, le symbole de ce temps d'abandon. Les marées, le sable et les vaisseaux du sang coulent et renaissent; la jeunesse s'enfuit à jamais.

Page 84. *It is the sinner's dust-tongued bell.*

Comment résumer, annoter un poème où les images les plus contradictoires se mélangent, où l'heure peut être marine et le temps se muer

134

en douleur, « prêtre de soufre » célébrant des noces animales qui enfantent « le gamin » du remords?

Page 86.   *O make me a mask.*

Dylan Thomas n'a-t-il pas porté un masque toute sa vie, clown tragique, appelant au secours sous le masque incontournable et mensonger de l'ivresse? Le masque cache le manque, double absence. Et le silence est sa seule défense.

Page 87.   *The Spire cranes.*

Longue métaphore sexuelle ou vision du travail poétique?

Page 88.   *After the funeral.*

Ann Jones était une tante de Dylan. Elle est l'héroïne de son célèbre récit *Les Pêches* (dans *Portrait de l'artiste en jeune chien*). Le poème oppose les pleureurs et le chagrin de l'auteur puis l'image de la morte et la vraie Ann. Le poète se met en scène pour nous rappeler que son « travail de mots » est de faire du vivant avec la solitude mortelle des êtres.

Page 90.   *Once it was the colour of saying.*

Oublier le passé, oublier un style poétique trop coloré, oublier le mystère de l'amour et du langage – est-ce possible sans aboutir à l'autodestruction?

Page 92.   *The tombstone told when she died.*

Tombe et ventre, ces deux mots coexistent souvent sous la plume de Dylan Thomas. Mort et naissance, sexe et connaissance...

Page 96.   *If my head hurt a hair's foot.*

Fleuve de mots et d'images pour célébrer la naissance – à travers la souffrance conjuguée de la mère et de l'enfant en leur secret dialogue.

Page 99.   *Poèmes de jeunesse.*

Écrits de 1930 à 1934, les poèmes de jeunesse de Dylan Thomas sont le laboratoire de son œuvre future – non seulement parce que certains poèmes élaborent le style et l'originalité de cette poésie unique, mais aussi parce que beaucoup des poèmes les plus célèbres de Dylan Thomas y figurent déjà, parfois dans des versions très voisines.

De nombreux poèmes d'enfance de Dylan Thomas ont été détruits par sa mère.

Naissance et mort, refuge dans l'imaginaire, sentiment du péché, création d'un univers secret de mots et d'images, invention d'une mythologie personnelle : tous les thèmes des *Collected Poems* sont ici en chantier.

Dylan (« Prince des Ténèbres », selon son propre père) est pétri d'imagination celte et de poésie anglaise. Il est attentif aux découvertes freudiennes. S'il se livre à nu dans ses premiers poèmes, c'est pour percer le mystère de son histoire personnelle, pour décrypter une équation familiale particulière – mais c'est aussi pour s'inscrire d'emblée dans le symbolique, pour reconnaître à la quête poétique sa moderne, sa nouvelle urgence : dénuder la condition humaine des masques et des formules qui en travestissent l'abrupte, la poétique tragédie : « Tout ce qui est occulté doit être mis à nu. Être dépouillé des ténèbres, c'est rendre propre. La poésie, en transcrivant ce dépouillement de l'individu..., doit inévitablement éclairer ce qui fut trop longtemps occulté et, ce faisant, rendre propre cette nudité exposée », répondra-t-il en octobre 1934 à un journaliste. La narration redevient essentielle – mais parce qu'elle se calque sur la souffrance la plus nue, sur l'aliénation la plus troublante.

Piégé par un « monde liquide », prisonnier d'une « terre solide », arpenteur de l'illimité, Dylan « illumine les ténèbres à la flamme d'un rêve ».

Page 115.   *Before we mothernaked fall.*

Les crochets sont conformes à l'édition originale.

Page 116.   *The tombstone told how she died.*

Voir, p. 92, *La pierre tombale disait le jour de sa mort* (1938).

Page 123.   *Elegy.*

Poème inachevé. À rapprocher du poème *N'entre pas sans violence dans cette bonne nuit*. La version présentée est celle établie par le poète Vernon Watkins, qui a indiqué par des crochets la partie de ce poème revue et organisée par ses soins. La mort a gagné : elle a emporté la lumière paternelle, qui protégeait peut-être de la régression ou du « retour » à la tombe (ou « womb » ?)

Page 125. *In country heaven.*

Poème inachevé. Tous les thèmes, toutes les images de la poésie de Dylan semblent s'y être donné rendez-vous. Mais « pitié pour la mort », le poète les a abandonnés pour retourner au paradis ou au néant de la gloire.

La poésie de Dylan Thomas nous rappelle que le désir est à l'œuvre sous le frêle tissu des apparences. Elle trace le profil de toute poésie future : parole de vérité, de chair, affrontement avec l'irrémédiable, ouverture sur l'inconscient. Pour vivre à hauteur de son désir, à hauteur d'avenir – dans un perpétuel dépassement de « soi » vers l'autre.

I

N'ENTRE PAS SANS VIOLENCE
DANS CETTE BONNE NUIT

II

MORTS ET ACCÈS

* Les astérisques indiquent les poèmes qui, absents du recueil
N'entre pas sans violence dans cette bonne nuit et autres poèmes (1979),
sont inédits en français. Les dates sont celles de la composition.

III

LA CARTE DU TENDRE

IV

POÈMES DE JEUNESSE *

V

POÈMES INACHEVÉS *

Ce volume,
le deux cent quarante-huitième de la collection Poésie,
a été composé et achevé d'imprimer
par l'Imprimerie Floch à Mayenne
le 2 mai 1991.
Dépôt légal : mai 1991.
Numéro d'imprimeur : 30588.
ISBN 2-07-032630-6 / Imprimé en France.